邓湘子彩色笔作文书

U0642428

初级 版
学写发现笔记

邓湘子 ◎ 编著

做得有创意，表达更精彩。

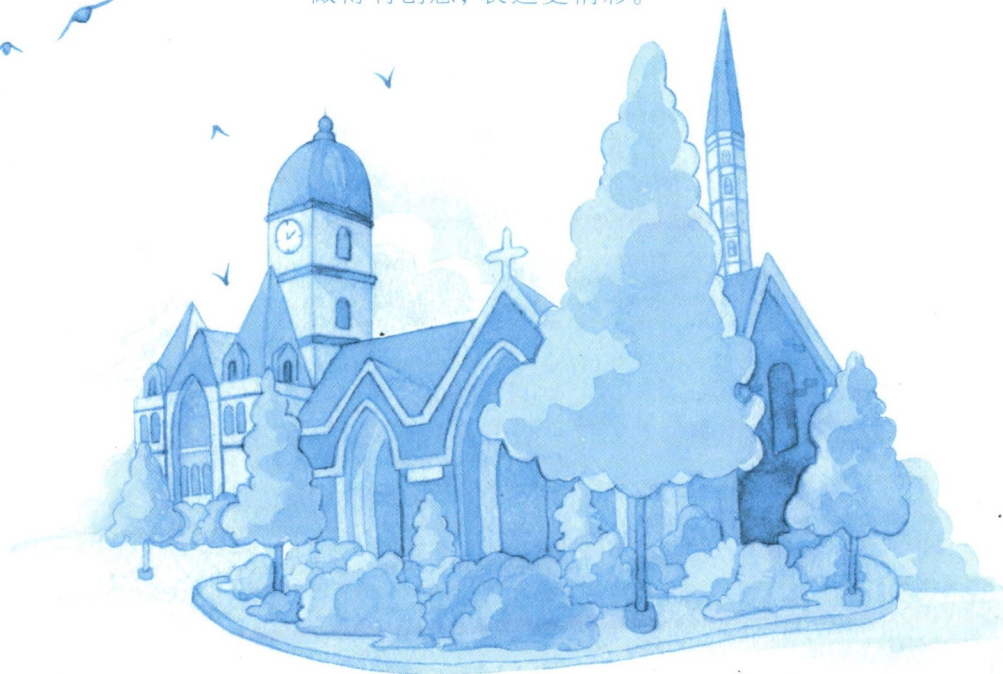

中南大学出版社
www.csupress.com.cn

自 序

1

这套"邓湘子彩色笔作文书"一共有四册，即：

初级版·学写发现笔记
中级版·爱上发现作文
高级版·激活发现思维
参照系·发现阅读文选

细心的读者一看，就会了解到，前面三册是作文书，后面一册是阅读文选。为什么这样组合？因为在我看来，阅读是写作的基础，习作者首先要做的，是看清楚文章的基本样子，尤其要看清楚优秀文章的基本样子。

这套书的使用，要从阅读开始。

我观察儿童的成长，看到玩具在童年生活里发挥的魔力。给一个滑板，或者一辆自行车，他们能感受神奇的速度；给一个画板，再加一支画笔，他们能领略绘画的美妙；给一个纸飞机，或者一只风筝，他们会放飞高远的想象……

在儿童那里，所有的玩具都是工具，帮助他们去探索世界；而所有的工具都是玩具，让他们得到巨大的快乐。

因此，我在这套书里加入了一个重要的元素——彩色笔。我希望它是孩子们阅读的工具，也是他们学习写作的玩具。

使用彩色笔去阅读，是为了更好地看清楚文章的基本样子。

使用彩色笔去写作，有助于写出更精彩的作文。

2

我对文章的基本样子有如下观点：

第一，在我看来，好的文章里表达了作者的生命体验、心灵感悟、理性思考和独自发现。

第二，好的文章写的都是作者自己的故事，里面有作者的感觉、感情、情绪、思考、思想、思维、联想、想象、创意甚至创造。

第三，好的文章里有作者运用的各种写作方法。

孩子们在学习写作的过程中，应该借助有用的阅读工具，看清楚文章里的各种元素。"看清楚"的过程就是在阅读中深入学习的过程。彩色笔就是我们提供给孩子们的阅读工具。

比方说，彩色笔可以帮助你体会到文章里的各种感觉。具体做法是，请你使用不同颜色的笔将与不同感官有关的句子画出来——

■ 红色笔——眼睛观察的句子；
■ 橙色笔——鼻子感受的句子；
■ 黄色笔——有关肤觉的句子；
■ 绿色笔——嘴巴说出的句子；
■ 青色笔——有关味道的句子；
■ 蓝色笔——耳朵听到的句子；
■ 紫色笔——心灵感受和思考判断的句子……

这就是"画一画，找感觉"阅读游戏。

使用彩色笔做这个阅读游戏，帮助你打开生命的感官。

诚然，用彩色笔进行阅读探索，还有更多的用途。我们在《参照系·发现阅读文选》里设计了一些动手动脑的练习，请在阅读过程中做起来。相信彩色笔这一阅读工具一定会给你带来阅读的惊喜和全新的启发。

我提倡"用发现的眼光去阅读"。

从阅读中看清楚了文章的基本样子，从阅读中弄清了文章与作者之间的关系，你就可以开始动笔练习写作了。

3

其他三册作文书里，有许多关于写作的创意设计，就是要激发你去行动，去思考，去探索，去发现，在此基础之上来记录自己所创造的故事和体验。

我提倡"用发现的眼光写作文"。

我对作文训练有如下观点：

第一，内容是第一的，也就是"内容为王"。内容从哪里来？从你的行动中来，从你的探索、思考、感悟、体验、发现和创造中来。

第二，小学和初中阶段的作文，主要是记叙文，其实就是记录自己的成长故事。我提倡同学们要做小行动者、小探索者、小思想者、小发现者。你的行动敏捷起来，你的生活丰富起来，你的故事精彩起来，你的心灵、你的大脑被激活了，你的作文自然也就有了精彩而丰富的内容。

第三，小学和初中学生写的作文，如果内容比较新鲜、文笔比较生动、表达比较集中，我认为就是比较优秀的作文了。如果你觉得自己找不到新鲜的材料，那就主动去做一件有创意的美好事情。动手动脑，感悟体验，探索发现，作文内容才会更新鲜。

看清作文就是讲述与记录自己的故事，看清作文的内容来自作者的行动与体验，可以减缓习作者对于作文的焦虑，并且找到努力的方向。

其他三册作文以"初级""中级""高级"标明了训练阶梯，当然是由低到高地进行阶梯练习。

4

我的作文观念被我自己定义为"发现作文"。

什么是"发现"？

什么是"发现作文"？

什么是"发现思维"？

如果你愿意更多地探索和了解这些问题，建议在本套书中去寻找并研读《为什么提倡小朋友写"发现作文"》《听到花开的声音》《爱的礼物》这三篇文章。

也可以阅读我的专著《发现作文·风靡版》。

5

本套书的使用与操作，有一个重要方法，就是结对交流。

结对一：找一两个同龄的同伴，一起开展书中的读写活动，彼此交流互动，肯定优点，指出不足。

结对二：爸爸或妈妈也来当小作者的学习伙伴，促进活动开展，解决一些问题。比如，有的小作者开展活动后，有了自己的故事和体验，却不知如何动笔。这时候可以进行"你说我记"的活动——孩子说，父母记。如果孩子说得不充分，父母再提问，孩子再补充。在此基础上整理成内容比较充实的作文。两三次这样的互动记录之后，孩子一般都能找到自己的语言感觉。

写作文时，当然使用黑色笔或者蓝色笔。彩色笔在学习与互动的过程中要发挥特别的作用。

同伴、父母看到习作中的不足之处，要用彩色笔写出意见。如，"建议你在这里把动作细节描写得更具体一些"，动作细节是眼睛看见的，所以用红色笔来写建议；"如果增加人物的对话，表达会更生动"，对话是耳朵听到的，所以这句话要用蓝色笔来写。小作者也用相应颜色的笔，对自己的作文进行修改。

让彩色笔动起来，与伙伴共同进步。

我们也可以先阅读本书附录中《春芽的故事》《听到花开的声音》。邓湘子老师会告诉你如何具体地写出好文章。

希望同学们做主动的学习者——在行动中创造自己的精彩故事，在习作中记录自己的精彩故事和独特体验。这样，你就会让自己成长为更优秀的人、更美好的人。

目 录

⊕ 寻宝

🎯 任务提示卡

任务难度：★★★

任务目标：寻找消失的"宝物"

执行人：自己、家人

道具：意义深刻的"宝物"

🎯 目标任务

请家人将一个不用花钱买却能够被认同为"宝物"的东西，小心地藏在家里的某处地方。

可设置两处疑似藏宝地点。

"宝物"比较简单，有一定的内涵和精神价值。比如一本书，一个有纪念意义的物品。

这个游戏让寻宝人对自己的家有更多了解。

■ 动手做 —— 做出自己的新故事

时间		地点	

人物		事件	

■ 动脑想—— 想出好主意，学会思考

▶ "宝物"为何藏在那里？

_____

▶ 寻找过程中你遇到的最困难的一步是什么？

_____

■ 动笔写—— 写出自己的新发现

▶ 写下家人把"宝物"藏在此处的理由。

_____

▶ 写下"宝物"背后的意义。

_____

▶ 和家人一起分享彼此和这个宝物有关的故事和感想。

_____

写作要求：

注重写出"寻"的思路和"找"的过程，讲述一个生动的有关"寻找"的故事。

② 家里的美味

🎯 任务提示卡

任务难度：★★★★★

任务目标：和爸爸妈妈一起完成四道美食

执行人：自己、爸爸、妈妈

道具：各种美食原材料

🎯 目标任务

选一个周末，你来做小主持人，组织一次家庭美食会，主题是：好菜好味道。

请爸爸赞扬妈妈做得最好的一道菜，请妈妈赞扬爸爸做得最好的一道菜，要从形、色、香、味等方面来谈，要谈得具体、生动。他们谈的时候，你要做好记录（可以录音，然后根据录音整理）。

接着，你赞扬妈妈做的你最喜欢的一道菜，请妈妈做记录；你赞扬爸爸做的你最喜欢的一道菜，请爸爸做记录。要从形、色、香、味等方面谈得具体。

家庭美食会结束后，一家人去菜市场买菜，把这四道菜做出来，美美地吃一顿。

最后用文字记叙买菜、做饭菜、品饭菜的过程。

动手做 —— 做出自己的新故事

时间	地点
人物	事件

动脑想 —— 想出好主意，学会思考

▶ 你将如何主持这一次别开生面的家庭美食会？

▶ 你需要提前做哪些准备？

动笔写 —— 写出自己的新发现

▶ 分别记录：爸爸如何赞扬妈妈做得最好的一道菜？妈妈如何赞扬爸爸做得最好的一道菜？

▶ 你将怎么赞扬爸爸和妈妈做得最好的一道菜？你的意见和他们一致吗？

▶ 思考：在美食的背后，有什么比美味是更快乐的东西呢？

写作要求：

不必全面记叙，要有精彩的细节描写和味觉描写。

③ 餐桌上的大冒险

🎯 任务提示卡

任务难度：★★★★

任务目标：尝一尝你不敢挑战的蔬菜

执行人：自己、妈妈

道具：自己不喜欢的蔬菜

🎯 目标任务

你最不喜欢吃的一种蔬菜是什么？

为什么不喜欢吃这种蔬菜？请列出你不喜欢吃的原因。

接着，请你主动向妈妈提出来要尝试吃这种蔬菜。注意观察妈妈的表情哦。

请在尝试吃的过程中细加品味，记录这种蔬菜的口感和味道，体会自己对它的认识是否有了一些改变。即使很难吃，也要把它的味道尝出来。

动手做 —— 做出自己的新故事

时间	地点

人物	事件

动脑想 —— 想出好主意，学会思考

▶ 你最不喜欢的食物闻起来、吃起来是什么味道呢？

_____

▶ 你不喜欢它的原因是什么呢？

_____

动笔写 —— 写出自己的新发现

▶ 妈妈认为它闻起来和吃起来是什么味道呢？

_____

▶ 比下你和妈妈对它的看法的区别吧。

_____

▶ 现在再想一想，你对它的看法有没有改变？

_____

写作要求：

如果你能和妈妈一起做这道菜，你的作文内容会更加丰富。

这篇作文应该有对话描写、神态描写和味觉描写。

⊕④ 做水果拼盘

🎯 任务提示卡

任务难度：★★★

任务目标：做一份水果拼盘

执行人：自己和家人

道具：各种水果、果盘

🎯 目标任务

发挥你的想象力，选用三种以上颜色的水果，做出一个自己构思的拼盘。

给家人讲述你的想法，并请他们丰富你的构思，听从他们的建议进行调整，让拼盘变得更美。

全家人一起将水果拼盘吃掉，注意品尝不同水果的口感和滋味。

动手做 —— 做出自己的新故事

| 时间 | | 地点 | |

| 人物 | | 事件 | |

动脑想—— 想出好主意，学会思考

▶ 你选了哪几种颜色的水果，组成了什么样的拼盘？

_____

▶ 你为什么会选择这几种颜色的水果组合呢？

_____

动笔写—— 写出自己的新发现

▶ 请家人一起品尝你的拼盘，他们有什么不同的意见吗？

_____

▶ 试着采纳家人的意见，换一种或几种水果进行调整，得到了什么不同的结果呢？

_____

▶ 思考：为什么不同颜色、不同品种水果搭配的拼盘，得到的是不同的效果？

_____

写作要求：

写出制作水果拼盘的创意、过程和故事。

还要写出水果的形与色，写出品尝到的滋味。

⊕⑤ 一家人读照片

🎯 任务提示卡

任务难度：★

任务目标：回忆老照片的故事

执行人：自己、爸爸、妈妈

道具：老照片

🎯 目标任务

从你出生的那一年开始，每年选一张家庭合照，按时间先后顺序排列，请爸爸妈妈一起看。

爸爸妈妈各自说一说照片是在什么情景下拍摄的。尤其是你还不懂事的时候拍摄的照片，请妈妈介绍当时的情况。

请选择其中最有故事的一张照片，写出难忘的故事。

■ **动手做**—— 做出自己的新故事

时间		地点	

人物		事件	

■ **动脑想**——想出好主意，学会思考

▶ 你为什么会挑选这张照片？

_____

▶ 你挑选的照片上有哪些人？照片中的人在干什么？

_____

■ **动笔写**——写出自己的新发现

▶ 你能回想起拍这张照片时发生的情形吗？也可以请爸爸或者妈妈来讲一讲照片背后的故事。

_____

▶ 照片中的人们，现在过得怎么样呢？

_____

▶ 这张照片除了给你带来了回忆，还带来了什么感想呢？

_____

写作要求：

　　请爸爸妈妈详细回忆与那张照片有关的情况，自己做好记录。在此基础上，写出一个精彩的"照片上的故事"。

⊕⑥ 切土豆丝

🎯 任务提示卡

任务难度：★★★★

任务目标：学会切土豆丝

执行人：自己、家里做菜技术最好的成员

道具：厨房刀、土豆

🎯 目标任务

请你走进厨房观察，家里哪位长辈切土豆丝的手艺最好。

请你了解要想切好土豆丝，有哪些技术要领。

请你跟着学一学切土豆丝的技术，切出比较好的土豆丝。

如果你能切好土豆丝，还做好了一个菜，就更棒了。

■ **动手做**—— 做出自己的新故事

时间		地点	

人物		事件	

■ **动脑想**—— 想出好主意,学会思考

▶ 找出家里切土豆丝技术最好的人,并想一想如何向他学习。

▶ 你将把你的劳动成果献给谁呢?

■ **动笔写**—— 写出自己的新发现

▶ 切土豆丝的过程中让你觉得最难的是什么,你是如何克服它的?

▶ 写下你所掌握的切土豆丝的诀窍。

▶ 最终你学会切土豆丝了吗?你在学习的过程中,有没有好的建议和心得呢?

写作要求：

　　记叙自己切土豆丝的过程，以及遇到了什么困难，用什么办法去克服。要注意写出细节和感想。

⊕ 7 积极地改变

🎯 任务提示卡

任务难度：★★

任务目标：重新认识爸爸妈妈

执行人：自己、爸爸、妈妈

道具：一颗真诚的心

🎯 目标任务

你是否留意，每天放学回家的时候，爸爸妈妈对你说的第一句话是什么？

许多同学说，爸爸妈妈每天都说同一句话，听得多了，很不爱听。

你可以试着想一想：这句话的背后，藏着什么样的情感和心愿？

如果你不爱听那句话，也许可以想办法作出一些改变。或者说从自己开始作出改变，或者想办法有效地改变爸爸妈妈。

采取美好的行动，积极地改变，也许能够创造新的惊喜。这样的行动值得尝试！

动手做 —— 做出自己的新故事

时间	地点
人物	事件

动脑想 —— 想出好主意，学会思考

▶ 每天放学回家，父母对你说的第一句话是什么？

▶ 当你听到这句话，你的第一感想是什么？

动笔写 —— 写出自己的新发现

▶ 试着问一问爸爸妈妈，听一听他们说这句话的理由是什么？

▶ 你听完理由后，对这句话新的感想是什么？

▶ 结合最初的感想和重新获得的感想，你有了什么新的认识？

写作要求：

美好的改变是如何发生、发展的？

注意写出自己的主动性体现在哪些环节上。

⊕ 8 徒步行走

◎ 任务提示卡

任务难度：★★★★★

任务目标：完成一次徒步旅行

执行人：自己、同学、家人

道具：地图、水杯、毛巾等

◎ 目标任务

邀请不少于三个同学，和家人一起开展一次徒步行走活动。

如果你们是低年级同学，请徒步行走两公里；如果是中年级同学，请徒步行走四公里；如果是高年级同学，请徒步行走六公里。

几个同学共同制订活动计划，做好活动准备（如路线、饮用水、食品等）；并且排练一个集体文娱节目，在中途休息时展示出来，请爸爸妈妈欣赏。

动手做 —— 做出自己的新故事

时间	地点

人物	事件

动脑想 —— 想出好主意，学会思考

▶ 提前制订好你的徒步计划，包括起点、终点、距离、参赛选手等。

▶ 为实现这次计划，你需要提前做哪些准备？

动笔写 —— 写出自己的新发现

▶ 请写出你在这次徒步行走活动中，行动前、行动中、行动后情绪的变化。

▶ 在行走中，有没有遇到让你特别难忘的事情？（有趣的、困难的、难过的、快乐的都可以）

▶ 通过这次行走活动，你有了什么新的认识？

写作要求：

写一次集体活动，要注重观察参与活动的人。

要突出写活动中的重点环节，突出写活动中发挥主要作用的人。

⊕⑨ 重读一本书

🎯 目标任务

找出一本曾读过的最喜欢的书。

尝试用一种或两种新的方法重新阅读。

你重读这本书，获得了哪些新的体验？得到了什么新的收获和启发？

动手做 —— 做出自己的新故事

时间		地点	

人物		事件	

动脑想 —— 想出好主意，学会思考

▶ 上一次阅读它是在什么时候？

_____

▶ 你选择这本书的原因是什么？

_____

动笔写 —— 写出自己的新发现

▶ 你采用了什么新的方法来阅读它？

_____

▶ 上一次阅读和这一次阅读有什么不同感想？

_____

▶ 思考一下，为什么在不同时间阅读会有不一样的感想？

_____

写作要求：

这篇文章可以写成《我与一本书的故事》，不是写你第一次阅读它，而是写你用新的方法去阅读它，要写出这次阅读带来的新收获。

⊕10 数字故事

🎯 任务提示卡

任务难度：★★

任务目标：用数字讲故事

执行人：自己、朋友或家人

道具：对自己有特别意义的数字

🎯 目标任务

　　你的年龄与生日、体重与身高，你的作息时间，你的考试成绩，你上学路上所用的时间，你跑100米所用的时间，你写的篇幅最长的作文的字数……每个人生活中的许多内容都是可以用数字来表达的。

　　请你找两个好朋友，各自用笔列出与自己相关的数字，尽可能多地列出来。比一比，谁列出的数字更多。

　　在此基础上展开讨论，谈一谈各自的看法。

动手做 —— 做出自己的新故事

时间		地点	

人物		事件	

动脑想 —— 想出好主意，学会思考

▶ 你第一个写出来的数字是什么？

_____

▶ 它代表了什么意义？

_____

动笔写 —— 写出自己的新发现

▶ 你还可以想出哪些数字呢？它们分别代表了什么特殊意义？

_____

▶ 身边的朋友有特殊意义的数字是什么？和你的数字有什么不一样吗？

_____

▶ 请用一些数字把你的部分生活内容串联起来，组成一个新的故事吧。

_____

写作要求：

记录讨论中的对话，去掉平淡乏味的话，留下有内涵、有情趣、有见解的话。注意观察说话者的神态和语气，并且描写出来。

⊕⑪ 刻章

🎯 目标任务

用肥皂或者软木头做材料，动手给自己刻两枚印章。

请到网络上查找刻章的方法，也可以请爸爸妈妈或者老师指导。

请分别用隶书、小篆来书写你的名字，体验新奇的感觉，做出古朴的效果。

动手过程要特别注意安全，不要草率鲁莽，以免刻刀伤手。

动手做 —— 做出自己的新故事

时间		地点	

人物		事件	

动脑想 —— 想出好主意，学会思考

▶ 请先设想一下你想刻一枚什么样的印章？

_____

▶ 你将为此做哪些准备工作呢？

_____

动笔写 —— 写出自己的新发现

▶ 刻章开始了，在这个过程中你遇到了什么困难？是如何克服的呢？

_____

▶ 印章雕刻完成后，请对你的成果进行描述。

_____

▶ 它是否和你想象中的印章一致？它能否成为镌刻你名字的宝物呢？

_____

写作要求：

从找材料、找工具、刻章子，到反复修改，再到最后看效果，写出自己"想"和"做"的过程。写的过程中要注重细节描写和心理描写。

⊕⑫ 好诗词大挑战

🎯 任务提示卡

任务难度：★★★★★

任务目标：熟读、背诵《春江花月夜》或《天问》

执行人：自己

道具：《春江花月夜》或《天问》诗词文字

🎯 目标任务

在周末，请争取在两个小时内进行一项挑战性学习。

1. 如果你是四年级及以上的同学，请你尝试学习《天问》最前面的 20 个问题，在理解的基础上熟读并背诵。这首诗共 373 句，1560 字，对天文、地理、历史、哲学等许多方面提出了 170 多个问题，表现了诗人质疑、探索的精神。

2. 如果你是三年级以下的同学，请你熟读、背诵《春江花月夜》。这首诗 36 句，252 字，被后世公认为"孤篇横扫全唐之作"。

以上两首诗在网上很容易找到。完成任务后，向父母分享你的学习成果——你面对着他们来背诵。最后，用文字记叙这次挑战性学习的过程。

■ **动手做** —— 做出自己的新故事

时间	

地点	

人物	

事件	

■ **动脑想** —— 想出好主意，学会思考

▶ 第一次读《春江花月夜》（或《天问》）时的心情。

▶ 诵读中对诗歌的感受是什么？

■ **动笔写** —— 写出自己的新发现

▶ 写出你的背诵计划。

▶ 背诵过程中有没有遇到什么难处？

▶ 当你完整背诵出来的时候，父母对你的看法和自己的感受分别是什么？

写作要求：

重点记叙自己遇到了什么难题，是用什么办法去克服困难的。还要写出这次学习过程中的新体验。

⑬ 做最爱自己的人

🎯 任务提示卡

任务难度：★★★

任务目标：学会如何爱护自己

执行人：自己

道具：一颗积极向上的心

🎯 目标任务

有的同学喜欢在路边店买垃圾食品吃，有的同学喜欢打电子游戏，有的同学不喜欢锻炼身体，有的同学不喜欢学习……这些行为都是不爱自己的表现。

爱自己，就是要阅读优秀的书籍，就是要吃绿色健康食品，就是要养成良好的学习习惯和生活习惯。

你在哪一个方面要加强自我爱护？通过"爱自己"行动，丰富体验，提高自我认识。

做一次有益的尝试，开展一项爱自己的行动，并把它写成作文。

动手做 —— 做出自己的新故事

时间		地点	

人物		事件	

动脑想 —— 想出好主意，学会思考

▶ 你自己和身边的朋友做过哪些对身体有害的事？

_____

▶ 哪一件对身体有害的事情让你印象深刻？付出了什么代价？

_____

动笔写 —— 写出自己的新发现

▶ 请写下你加强对自己的爱护的计划，并用行动证明。

_____

▶ 尝试通过哪一件事来改变自己，并写下所取得的成果？

_____

▶ 通过对于或对自己有害和有利的事的思考，你有什么感想？

_____

写作要求：

　　记叙一项爱自己的行动，要写出行动过程，还要写出自己的感受和体验。

⑭ 整理书架

🎯 任务提示卡

任务难度：★★★★

任务目标：清理自己的书架

执行人：自己

道具：书架（或者书橱）、书

🎯 目标任务

动手整理你的书架（或者书橱），一是把不想保存的书淘汰出来，二是把要保存的书按一定顺序排列整齐。

想一想，那些书籍你为什么不想保存？它们为什么被淘汰了？从这次清理中得到了什么启示？

恭喜你有了一个良好开端。

希望你从学会整理书架开始，定期整理自己的卧室，养成良好的生活习惯。

动手做 —— 做出自己的新故事

时间		地点	

人物		事件	

动脑想—— 想出好主意，学会思考

▶ 你想抛弃和保存的书分别是哪些？

_____

▶ 回忆这些书在书架上曾经摆了多久？

_____

动笔写—— 写出自己的新发现

▶ 对于不想保存的书，你想放弃它的原因是？

_____

▶ 对于想保存的书，今后你将怎么对待它们？

_____

▶ 通过这次清理，你有了什么新的启发吗？

_____

写作要求：

记叙事件，要写出起因、发展和结果。

注重写出动作和心理活动。

⌖ ⑮ 小记者采访记

◎ 任务提示卡

任务难度：★★★★★

任务目标：做一次小记者

执行人：自己、采访对象

道具：采访记录本、笔

◎ 目标任务

采访一位长辈：你小学最难忘的同学是谁？

用心设计采访提纲，做好采访记录。

如果第一轮采访不够深入、具体，还可以重新拟出补充采访提纲，再次进行采访。

在充分采访的基础上，把你并不认识却已经有所了解的那个人写出来。

■ **动手做** —— 做出自己的新故事

时间		地点	

人物		事件	

■ **动脑想** —— 想出好主意，学会思考

▶ 你将谁定为采访对象？

_____

▶ 选择他的原因是什么？

_____

■ **动笔写** —— 写出自己的新发现

▶ 你计划问他的问题是什么？

_____

▶ 他的回答分别是什么？

_____

▶ 这些问题和答案给你带来了什么样的启发呢？

_____

写作要求：

记叙自己做采访小记者的过程，以及遇到了什么困难，用什么办法去克服的。要注意写出细节和体验。

⊕16⊕ 献爱心

🎯 目标任务

制订一个计划，通过你的劳动和智慧赚到 20 元钱，并用来买一本优秀的书；请你把自己赚钱的故事写在扉页上。

这本书你阅读完之后，捐赠给贫困地区的学校。这样，你不但捐了一本书，还送出了一个美好的故事。

邀请几个同学一起参与，比一比谁的赚钱计划更有创意。

用文字写出你本次献爱心的故事。

■ **动手做**—— 做出自己的新故事

时间	

地点	

人物	

事件	

■ **动脑想**—— 想出好主意，学会思考

▶ 你的赚钱计划是什么？

_____

▶ 赚钱计划中最难的一步是什么？

_____

■ **动笔写**—— 写出自己的新发现

▶ 在赚钱计划中你获得了哪些帮助？

_____

▶ 赚到足够的钱后，你选择购买哪本书？为什么？

_____

▶ 当你阅读完亲自挣钱买的书后，你是怀着怎样的心情把它捐赠给贫困地区学校的孩子们的？

_____

写作要求：

记叙一项献爱心的行动，不仅要写出行动过程，还要写出自己的感受和体验。

⊕17 当小艺术家

🎯 任务提示卡

任务难度：★★★★★

任务目标：对自己最擅长的才艺进行创新

执行人：自己、爸爸、妈妈

道具：制作工艺品所对应的材料

🎯 目标任务

你最拿手的手工才艺是什么呢？

精心准备和设计，发挥你的艺术才华，创作一件有新突破的艺术品，向爸爸妈妈进行介绍、展示。记叙自己的艺术创作和展示的过程。

动手做 —— 做出自己的新故事

时间		地点	

人物		事件	

动脑想 —— 想出好主意，学会思考

▶ 你擅长的手工才艺是什么？

_____

▶ 思考：制作你擅长的手工才艺，需要准备哪些物品？

_____

动笔写 —— 写出自己的新发现

▶ 如果把你最引以为傲的才艺换一种形式展现，你会怎么做呢？

_____

▶ 和爸爸妈妈交流，对你自己创新的艺术品，他们有什么看法呢？

_____

▶ 在这个创新过程中，你最想表的达想法是什么？

_____

写作要求：

注重写出艺术创作活动中自己是怎么"想"、怎么"做"的，还要把艺术品细致地描绘出来。

⊕18 与树做朋友

🎯 任务提示卡

任务难度：★★★

任务目标：成功了解一棵树

执行人：自己

道具：一棵树

🎯 目标任务

确定一棵比较特别的树，请它做你的朋友。

上网搜索它的图文资料，了解有关知识；走近去观察，测量它的高度、树冠的大小；给它拍摄照片，拍出整体形象和局部枝叶，甚至花朵和果实；采集叶子或果实，感受气息和味道。

对它的图文资料、观察心得进行整理。在班上图文并茂地介绍你的树朋友。

希望你每年都会认识一些新植物，主动和更多的植物交朋友。

动手做 —— 做出自己的新故事

时间		地点	

人物		事件	

动脑想 —— 想出好主意，学会思考

▶ 你选择它的原因是什么呢？

_____

▶ 你对它的第一印象是什么？

_____

动笔写 —— 写出自己的新发现

▶ 写一写它的高度、树冠大小、叶子颜色、果实、气味等。

_____

▶ 写下你查到的关于这棵树的习性、特征等。

_____

▶ 再写一写你和它成为朋友之后，你对它新的认识吧！

_____

写作要求：

重点不是树的知识介绍，而是写你怎么亲近一棵树，写出你与树朋友之间的故事。

⊕⑲ 快乐的节日

🎯 任务提示卡

任务难度：★★★

任务目标：找到不同节日之间的共同点和区别

执行人：自己、同学

道具：节日表

🎯 目标任务

找几个同学，一起讨论，列出春节、端午节、中秋节的共同点。比一比，看谁列出的共同点更多。

抓住你认为最重要的一个共同点，对照最近家里的节日情景，写出自己的体验和理解。

■ 动手做 —— 做出自己的新故事

时间	地点

人物	事件

■ 动脑想—— 想出好主意，学会思考

▶ 你脑海里能搜罗出哪些印象深刻的节日？

_____

▶ 在不同的节日，你自己的家中分别有什么样的庆祝方式？

_____

■ 动笔写—— 写出自己的新发现

▶ 不同节日之间的区别和共同点有哪些？

_____

▶ 这些共同点会给你带来怎么样的感受？

_____

▶ 请思考，节日在我们生活中的意义是什么？

_____

写作要求：

写节日，要抓住节日里的人来写，用心观察很重要。

要写出有特色的人，还要写出一两个节日场景。

㉑ 做小导游

🎯 任务提示卡

任务难度：★★★★★

任务目标：成功带父母完成一次小旅行

执行人：自己、家人

道具：旅行装备、地图

🎯 目标任务

带家人出去旅行。出发之前，请你征求父母意见，做出详细计划，如规划路线、准备物品；旅途中你要负责服务工作，如果在外吃午餐，你要确定地点，负责点菜。

节约出游费用，尽可能经济实惠。

动手做 —— 做出自己的新故事

时间		地点	

人物		事件	

动脑想—— 想出好主意，学会思考

▶ 出游之前要做哪些准备工作呢？

▶ 在出发之前爸爸妈妈对于你做小导游带队有什么看法呢？

动笔写—— 写出自己的新发现

▶ 你们从出发到到达目的地，中间有没有遇到困难？你是怎么解决的呢？

▶ 写一到两件你觉得游玩过程中最开心的事情吧。

▶ 写一写你带父母旅游和父母带你旅游的区别。

写作要求：

重点写好自己主动策划、做好组织和服务工作的过程，写出有趣的故事来。

㉑ 不要乱扔垃圾

🎯 任务提示卡

任务难度：★★

任务目标：对人们乱扔垃圾的坏习惯进行调查

执行人：自己

道具：画纸、画笔

🎯 目标任务

观察不同的场所分别是什么人乱扔垃圾，思考他们为什么这么做。

在班级和家里，提倡"爱护环境，从我做起"。

看到地上有垃圾，在力所能及的情况下，动手把它捡起来，放进垃圾桶。从自己做起，养成好习惯。

请绘制一张"不要乱扔垃圾"的公益广告画，尽可能有新的创意——有新的画面、新的语言、新的广告形象。

请写出从构思到创作的过程，用图文一起呈现出来。

动手做 —— 做出自己的新故事

时间	

地点	

人物	

事件	

动脑想—— 想出好主意，学会思考

▶ 观察一下，在哪些场合人们喜欢乱扔垃圾。

▶ 思考他们为什么会乱扔垃圾。

动笔写—— 写出自己的新发现

▶ 当看到别人乱扔的垃圾时，你会怎么去做？

▶ 你有什么好办法能够使人们不乱扔垃圾吗？

▶ 设想一下，当大家都养成好习惯了，地球会发生什么变化呢？

写作要求：

　　用眼睛发现，用心思考，用大脑提出解决方案，调动发现思维，努力写出新鲜的创意、新鲜的画面、新鲜的语言、新鲜的体验。

㉒ 你的世界在变大

🎯 任务提示卡

任务难度：★★★★★

任务目标：完成一次生活冒险

执行人：自己

道具：地图

🎯 目标任务

画一幅"我的行动地图"，以自己的家为中心，画出你就读的学校，曾去过的书店、电影院、博物馆、儿童图书馆、美术馆、儿童剧院、音乐厅等文化场所，经常去散步的公园，喜欢去的亲戚家……

在地图上不断拓展自己的行动路线，它就成了你的成长地图。

策划一次出行计划，在你的地图上增添一个新的地点，并记叙这次出行的经历和故事。

动手做 —— 做出自己的新故事

时间		地点	

人物		事件	

动脑想 —— 想出好主意，学会思考

▶ 地图上自己的家在哪里呢？

▶ 找一找地图上你家周围都有哪些熟悉的地方。

动笔写 —— 写出自己的新发现

▶ 这些熟悉的地方中，哪些是你最喜欢去的？

▶ 你喜欢的这些地方是什么吸引着你？

▶ 这些有趣的地点中，曾经发生过哪些难忘的事呢？

写作要求：

　　这次出行中，你可能结识了新朋友、见识了新事物、开阔了新的眼界，也学到了新的东西，那么，写出来的故事一定会更精彩。

春芽的故事

老师要求写日记，可是春芽拿着笔不知道写什么。

爸爸说："我带你去见邓湘子老师，请他教一教你，好不好？"

春芽说："好啊，我喜欢读《矮妈妈和高个子女儿》，还有《兔子班的新奇事》。"

春芽高兴地跟着爸爸出发了。

见到了邓湘子老师，爸爸说春芽要学写日记。

邓老师说："不急，先玩吧。"

动手做

邓老师说："春芽，接到你爸爸的电话后，我就准备了好吃的。"

他端出一个果盘，里面有几个大苹果。他拿出一个黑色眼罩，给春芽戴在眼睛上，说："有一个苹果，我做了记号，是给你吃的。你只能用手摸，把它找出来。"

"我试一下。"春芽觉得有趣。

一共有五个苹果，摸上去都差不多。春芽把每个苹果都摸了一遍，然后抓住第四个苹果说："我找到了，这一个！"

"你找对了！把眼罩摘了吧。"邓老师说。

"这个苹果有什么特别之处？"爸爸忍不住问春芽。

"苹果把儿这儿插着根牙签，"春芽得意地说，"我一遍就摸出来了。"

"想一想，我为什么选这个苹果给你？"邓老师问。

"这个苹果最漂亮，应该也是最好吃的。"春芽观察着眼前的几个苹果，"哈哈，邓老师知道我爱漂亮，又好吃。"

春芽吃着苹果，在邓老师的指导下，写起日记来——

爸爸带我去见邓湘子老师。到了邓老师家里，他端出一盘苹果，说里面有一个做了记号，是给我吃的，要我找出来。

我留意看那几个苹果，可是邓老师拿来了一个黑布眼罩，要我戴上。我戴上眼罩后，什么也看不见，只好用手去摸。我拿起一个苹果，仔细摸了一遍，感到没什么特别之处。摸到第四个时，它的把儿旁边有根小刺把我的手指扎了一下，我把这个苹果放到一边。

所有的苹果都摸过了，我确认这个多了一根小刺的苹果是邓老师特地做了记号的。邓老师说我找对了，我真是太惊喜了。

取下眼罩，我看到扎进苹果里的小刺是一根牙签。

"我为什么选这只苹果给你？"邓老师问。

"我知道了，我这只最漂亮呢，应该也是最好吃的。"我观察着眼前的几个苹果，"哈哈，你知道我爱漂亮，又好吃。"

"哈哈，最后这一句，把我心里的想法都写出来了。"邓老师说。

"邓老师认为我是个小吃货啊！"春芽故意叫起来。

"小吃货也有精彩故事。"邓湘子老师悄悄地对她说，"我告诉你一个秘密：写话、写日记、写作文，就是写故事！每个人都有许多故事，你写出一个自己的故事来了。"

"哈，今天来见到你，写出来就是一个故事。"春芽高兴地说。

讲故事

邓老师说："我们接着来玩一个说话的游戏吧,题目是'从你们家出发'——我来问,你回答。"

春芽很好奇,玩说话的游戏,她喜欢。

邓老师问："从你们家出发,你爸爸去干吗?"

春芽答："从我们家出发,我爸爸去上班。"

邓老师说："哈,你说的'从我们家出发,我爸爸去上班。'这是不是一个故事?"他一边说,一边拿出本子和笔,把春芽说的话记下来。

春芽说："我不知道……"

"嗯,是个简单的故事。"邓老师说,"有地点、人物、事件……故事也要有时间的,但这里被你省略了,上班的时间大家一般都知道,没有具体说也是可以的。"

春芽说："哈,一句话能讲出一个简单的故事。"

邓老师说："对,我们接着来讲故事吧。从你们家出发,你妈妈去干吗?"

春芽答："从我们家出发,我妈妈去买菜。"

邓老师问："从你们家出发,你自己去干吗?"

春芽答："从我们家出发,我自己去上学。"

邓老师问："从你们家出发,你们都回家了吗?"

春芽答："从我们家出发,我们都回家了。"

邓老师问："你们为什么都回家了?这个问题要好好想一下。"

春芽答："我们都喜欢自己的家,我们都互相喜欢啊!"

"你回答得好极了。"邓老师说,"你把我们的对话整理出来吧。"

春芽在本子上稍加整理,眼前出现了一首小诗——

从我们家出发，我爸爸去上班。

从我们家出发，我妈妈去买菜。

从我们家出发，我自己去上学。

从我们家出发，我们都回家了。

我们都喜欢自己的家，我们都互相喜欢。

"你看看，这些句子放在一起，有意思吗？"邓湘子老师说。

"真有意思，每一句都是我说的话呢。"春芽惊奇地说。

抓细节

邓老师说："春芽，你还可以讲出你爸爸今天的故事。"

春芽说，"我爸爸今天没说话呢。"

"他平时说话吗？"邓老师问。

"平时话很多的。"春芽说，"今天我爸像个哑巴。"

"你觉得他为什么今天变哑巴了？"

"他希望我跟你学，不打岔。"春芽说。

"你这里观察到了一个细节。"邓老师说。

"不说话也是细节吗？"春芽问。

"对于爱说话的人，不说话就是重要的细节。"邓老师说，"你留意到，他不说话的时候是什么神态？"

"他很注意听我们说话，有时候跟着我们笑。"春芽说。

"表情也是重要的细节。"邓老师说，"还有一个问题：你爸爸为什么要带你来见我？请你想一想。"

"他希望我学会写话。"

"他为什么希望你学会写话？"

"他希望我成绩好。"

"他为什么希望你成绩好？"

"他希望我考上好的大学。"

"他有这么多的'希望'，里面包含了一种什么感情？你用一句话概括出来。"

"因为……因为他爱我。"

"说得太好了，你把爸爸心里一种看不见的东西也发现了。"

春芽兴奋地说："哈，我来写一下我爸爸。"

今天，爸爸带我去邓湘子老师家里，请他教我写日记。

我爸平时话很多的，喜欢跟我说笑话。可是，到了邓老师家，我爸像个哑巴，闭着嘴巴不说话。他用眼睛看着我和邓老师玩游戏，张着耳朵听我们讨论。有时候，他跟着我们笑。

一个爱说话的人，不说话就有点怪怪的。我注意到，我爸爸不说话的时候，眼睛变得灵活了，我说话的时候就看我，邓老师说话的时候，他就看邓老师。

爸爸为什么今天变哑巴了？我想，他希望我跟邓老师多学一点，不愿意打岔。

邓老师还问，爸爸为什么带我去见他。我想了一会回答："因为爸爸爱我。"邓老师表扬了我。

"你这篇日记，把你爸爸很高级地表扬了一下。"邓老师说。

"为什么说是很高级地表扬？"春芽问。

"因为写出了一个朴素又有爱的故事。"邓老师说。

"谢谢!"春芽的爸爸高兴地说,"这真是一个有点高级的故事。"

有发现

春芽问:"邓老师,什么是高级的故事?"

邓老师说:"你写了眼睛看到的,也把你心里理解的东西写出来了。这样的故事就有点高级了。你由表面的现象,理解到内在的东西,表现出了很重要的一种能力,就是发现的能力。"

春芽问:"发现的能力对于写作文很重要吗?"

邓老师说:"是啊,你用发现的眼光去观察,用心去感悟、去思考,就有可能捕捉到新鲜生动的故事和细节,就有可能领悟到那些用眼睛看不到的东西。"

春芽问:"'发现的眼光'从哪里来?"

邓老师说:"你讲的故事,你观察到的细节,都是你发现的结果。你要主动地做小行动者、小观察者、小探索者。主动地去发现生动有趣的语言,发现事物的特点,发现现象背后的本质,发现生活中的美,发现内心的感动,发现大自然的美与秘密,发现人物的闪光点,发现亲情和友情,发现生活情趣……"

春芽高兴地说:"有了一点发现,真是让人惊喜哦。"

邓老师说:"说说你今天的发现是什么吧。"

春芽不说话,从书包里拿起绿色笔,把前面三篇文章里的"发现"标示出来了。

春芽是怎么标示的呢?亲爱的小朋友,请你和春芽一起思考,用绿色笔把上面三篇小文中的"发现"画出来。

听到花开的声音

邓湘子

　　每当读到小朋友写的一篇精彩作文，欣赏那些稚拙美好的文字，我就像看到一朵花欣然绽放，如同听着花蕾绽放的声音，美妙而动听。

　　一朵花的开放，是集合了根、枝、叶提供的养料和水分。

　　一篇优秀作文的写作，呈现了小作者全部感官、心灵感悟和思维能力的综合创造。

　　我希望每个小朋友积极地来做敏锐的"小发现者"，尝试"用发现的眼光写作文"，敢于尝试，敏于行动，感悟思考，学会发现。这样，才能让自己的生命成长与作文训练获得充足的"养料和水分"。

　　小朋友要成为"小发现者"，首先要做小观察者、小行动者、小探索者。要将自己的写作训练建立在动手动脑之上，建立在观察、探索、体验、感悟和思考的基础之上。这样的训练方式，能够让你们打开感官、参与生活、学会感悟、学会思考，全面发展。

　　生命成长的过程，是不断获得新鲜发现的过程。小朋友们应当主动地开展探索行动，自觉地在作文里展示自己的精彩故事、生动细节和真切感受，表达自己的观察、思考、感悟、体验和发现。这样，就是让自己的全部感官、心灵感悟和思维能力充分发挥作用，使一篇作文成为自己创造力的呈现。

　　我向小朋友们推荐一部好看的儿童电影：《一个美国女孩的秘史》。你们有空余时间的话，去网上下载欣赏吧。

影片里的主人公是9岁的女孩凯特。她有自己的好习惯，喜欢把看到、听到的事情记录下来，甚至进行研究调查，并通过写作来表达自己对世界的看法和态度。她想将来做一名记者，用自己的文章记录"新鲜、真实"的事情，还带着写好的文章到报社去找主编，要求发表。

女孩凯特的梦想追求并不顺利。父亲突然失业，离家去找工作，只留下她和母亲靠种菜养鸡过日子，出租房子收留了很多无家可归的陌生人。凯特和一对给人打工干粗活儿的兄弟逐渐成为好友，见到了社会底层穷人们的艰苦生活，也被他们的亲切和善良所感动。当她的朋友背负上"抢劫"等罪名，受到整个社会的指责时，凯特勇敢地摒弃偏见、追查真相，用自己的智慧和勇气，为穷人朋友洗清了罪名。

这部精彩的电影里，主人公凯特是真正的小行动者、小探索者和小发现者。她在探索行动中培养了自己独立思考的能力。她的行动故事，会给小朋友们带来许多有益的启发，其中她的写作方式正是"发现作文"的训练方式，值得小朋友们用心感悟和学习借鉴。

写作文不单是语言的训练，更重要的是行动训练、心灵训练和思维训练。小朋友通过写作文，主动地开展探索行动，培养观察力、行动力、感受力、思考力和创造力，就能让生命成长与作文表达相互促进。

图书在版编目（CIP）数据

邓湘子彩色笔作文书. 学写发现笔记：初级／邓湘子编著. —长沙：中南大学出版社，2020.8

ISBN 978 – 7 – 5487 – 3547 – 2

Ⅰ. ①邓… Ⅱ. ①邓… Ⅲ. ①阅读课－小学－教学参考资料②作文课－小学－教学参考资料 Ⅳ. ①G624.203

中国版本图书馆 CIP 数据核字（2019）第 007915 号

邓湘子彩色笔作文书

学写发现笔记：初级

DENGXIANGZI CAISEBI ZUOWENSHU

XUEXIE FAXIAN BIJI：CHUJI

邓湘子　编著

责任编辑	谢贵良　梁　甜　张　倩
美术设计	几木艺创
封面设计	周　周
责任印制	周　颖
出版发行	中南大学出版社
	社址：长沙市麓山南路　　　　邮编：410083
	发行科电话：0731 – 88876770　传真：0731 – 88710482
印　　装	湖南省众鑫印务有限公司
开　　本	787 mm×1092 mm 1/16　印张 6.75　字数 84 千字
版　　次	2020 年 8 月第 1 版　2020 年 8 月第 1 次印刷
书　　号	ISBN 978 – 7 – 5487 – 3547 – 2
定　　价	26.00 元

图书出现印装问题，请与经销商调换